(Titre à garder)

COMPAGNIE GÉNÉRALE DES OMNIBUS DE PARIS

AFFAIRE

DU

TRAMWAY FUNICULAIRE DE BELLEVILLE

Dire de la Compagnie des Omnibus
à l'enquête.

Note de la Compagnie.

PARIS

TYPOGRAPHIE ET LITHOGRAPHIE A. MAULDE ET Cⁱᵉ

144, RUE DE RIVOLI, 144

1889

AFFAIRE

DU

TRAMWAY FUNICULAIRE DE BELLEVILLE

DIRE

DE LA

COMPAGNIE DES OMNIBUS

Annexé au Registre d'Enquête.

La Compagnie générale des Omnibus, se référant aux dispositions du traité du 18 juin 1860, par lequel la Ville de Paris lui a reconnu le droit exclusif de faire circuler, avec faculté de stationnement sur la voie publique dans l'enceinte de Paris, les voitures employées au transport en commun des personnes, lesquelles dispositions ont été reconnues applicables aux voitures, tramways, par le traité du 21 juillet 1877, déclare protester contre l'établissement projeté de la ligne dite : Tramway funiculaire, de la place de la

République à l'église de Belleville, comme contraire aux droits qui résultent pour elle des traités précités.

La Compagnie générale des Omnibus rappelle à cette occasion trois décisions ministérielles rendues dans des circonstances analogues après avis conforme du Conseil général des ponts et chaussées.

Par la première, en date du 13 décembre 1876, Monsieur le Ministre des Travaux publics, en vue de respecter les droits de la Compagnie des Omnibus, a repoussé la demande de M. Vandal tendant à obtenir, pour la Compagnie des Tramways-Nord, la concession de deux lignes de tramways ayant leur origine à la place de la République et aboutissant, l'une à l'avenue de la Muette, l'autre au carrefour des avenues Bosquet et de Tourville.

Par la seconde décision, en date du 8 mars 1877, Monsieur le Ministre des Travaux publics, invoquant une fois encore le respect du privilège conféré à la Compagnie générale des Omnibus par le Traité de 1860, a repoussé la demande de la Compagnie des Tramways-Nord tendant à faire un service supplémentaire *intra-muros* sur la ligne de Saint-Denis à La Chapelle.

Par la troisième décision du 29 octobre 1879, Monsieur le Ministre des Travaux publics, se basant sur le même principe des droits de la Compagnie des Omnibus, a refusé de concéder au département de la Seine le prolongement, jusqu'à la place de la République, de la ligne de tramways de Charenton à la Bastille, exploitée par la Compagnie des Tramways-Sud, tant que le département ne se serait pas mis d'accord avec la Compagnie générale des Omnibus.

La Compagnie générale des Omnibus fait en outre observer que le Tramway projeté ne répond à aucun besoin; il n'est qu'une très minime fraction des deux lignes actuelles d'omnibus qui, avec leurs rabatteurs, desservent tout le faubourg du Temple, la rue de Belleville sur toute sa longueur, les communes des Lilas et de Romainville.

Le plan ci-annexé montre, en effet, que la ligne **N**, du Louvre à Belleville, passe par la place de la République, suit, sur 1250 mètres de longueur, le faubourg du Temple et la rue de Belleville où elle a son *terminus* en face de la rue de Tourtille ; de ce dernier point, un rabatteur relie la ligne **N** à l'autre ligne **M**, des Arts-et-Métiers au Lac Saint-Fargeau, par la rue de Belleville ; d'où il résulte qu'il n'y a pas de lacune entre la place de la République et les fortifications ; que dès lors le Tramway projeté s'arrêtant à l'église de Belleville devant laquelle passe l'omnibus **M** serait une superfétation. Enfin, un second rabatteur met en communication Belleville avec les Lilas et Romainville.

De cet ensemble, il ressort que les quartiers du faubourg du Temple et de Belleville, traversés sur toute leur longueur par deux lignes d'omnibus, sont reliés avec le centre de Paris et deux communes importantes, tandis que la ligne funiculaire, après un parcours insignifiant, déposerait les voyageurs de ces mêmes quartiers soit à la place de la République distante de 2 kilomètres 1/2 du centre des affaires, soit à l'église de Belleville distante de 1,300 mètres des fortifications.

La Compagnie générale des Omnibus fait enfin observer que la mise à l'enquête du projet de Tramway funiculaire paraît ne pas avoir été autorisée par Monsieur le Ministre des Travaux publics ; car il n'en existe aucune trace dans les pièces du dossier.

Signé : L. LALANNE.

Paris, le 11 juin 1886.

NOTE

SUR LE

TRAMWAY FUNICULAIRE

DE LA

Place de la République à l'Église de Belleville

La présente Note a pour but d'examiner les points suivants :

1° La ligne projetée est-elle utile ?

2° Quelle serait sa recette brute ?

3° Quel serait le résultat financier de l'Entreprise ?

4° La ligne a-t-elle le caractère d'un tramway, rentrant par conséquent dans le privilège de la Compagnie des Omnibus ?

§ 1er. — La ligne projetée est-elle utile ?

Belleville est actuellement desservi, dans sa longueur, par deux lignes d'omnibus : Belleville-Arts-et-Métiers (lettre **M**), Belleville-Louvre (lettre **N**), et, dans le sens transversal, par la ligne de tramway de la Villette à la place de la Nation (lettre **TE**) qui coupe le funiculaire en son milieu.

La ligne funiculaire projetée mesure en nombre rond 2.000ᵐ

elle est épousée sur toute sa longueur, savoir :

Par la ligne d'omnibus **N**, de la place de la République à Belleville, sur 1.250ᵃ

Par la voiture remonteuse, de ce dernier point à
la rue Bolivar, sur............................... 400ᵐ

et par la partie de la ligne d'omnibus **M,** comprise
la rue Bolivar et l'église, sur.................... 356ᵐ

Il apparaît dès à présent que le funiculaire projeté ferait double emploi avec les moyens actuels de transports.

En tous cas, si on néglige le contact de la voiture remor-
queuse, prolongement de la ligne **N,** mais qui nécessite un trans-
bordement, il ressort encore de ce qui précède que le funiculaire
n'aurait d'autre objet que de combler une lacune de 400 mètres,
que nos voitures à deux chevaux ne peuvent gravir en raison de la
déclivité de la rue de Belleville.

Ce n'est assurément pas une lacune de cette faible étendue qui
peut justifier la création d'un funiculaire.

Il existe dans Paris une foule de lignes d'omnibus et de tramways qui, pour être prises à leurs terminus par les voyageurs, néces-
sitent des parcours à pied de plus de 400 mètres. Ce n'est pas tout.
Le funiculaire serait traversé vers le milieu de sa longueur, par la
ligne de tramway E de la Villette à la place de la Nation qui ren-
contre sur son parcours deux autres lignes d'omnibus : **O** Ménil-
montant-Montparnasse et **P** Charonne-Place-d'Italie ; cette ligne de
tramway placée sur les boulevards extérieurs, permet à l'agglomé-
ration de Belleville de se transporter dans des directions multiples
que le funiculaire ne saurait remplacer dans une mesure quelconque.

D'un autre côté, à quoi peut servir un funiculaire de 2 kilomètres de longueur, qui s'arrête Place de la République ?

A coup sûr il ne sera pas utilisé par un seul des habitants de la
zone centrale coupée par la ligne d'omnibus **N** de Belleville au
Louvre. Les habitants de cette zone qui se rendront à la place de
la République ne dépenseront pas dix centimes pour un parcours

moyen de 6 à 700 mètres. Ce serait de l'enfantillage de supposer le contraire.

Les rares voyageurs qui feront usage du funiculaire viendront des abords de l'église de Belleville; ceux, pour qui la place de la République n'est pas le but de leur voyage — ce sont les plus nombreux, — après avoir dépensé dix centimes seront dans l'obligation d'attendre le passage de nos voitures sur la place de la République où ils ne trouveront pas toujours des places immédiatement disponibles, et de dépenser encore 15 ou 30 centimes, suivant la place occupée, pour se rendre dans l'intérieur de Paris. Pour cette catégorie de voyageurs, l'avantage du funiculaire serait illusoire au double point de vue de la dépense et du temps perdu.

Enfin, on ne doit pas oublier que la place de la République n'est pas l'objectif des voyageurs provenant de Belleville, ils vont tous beaucoup plus loin et dans des directions différentes.

Dans ces conditions, étant donnés les moyens de transport actuels, il est permis d'affirmer que le funiculaire ne répond à aucun besoin. En réalité, il ne serait utilisé que par un très petit nombre de voyageurs, dans une seule direction, celle de l'ascension vers l'église de Belleville. On se trouverait donc en présence d'une opération détestable, comme nous allons d'ailleurs le démontrer plus loin, rien que pour donner satisfaction à une infime minorité des habitants du haut Belleville.

Ce n'est assurément pas là ce qu'on peut appeler un tramway d'utilité publique.

§ 2. — Quelle serait la recette brute du funiculaire projeté ?

MM. les Ingénieurs du Service municipal font un calcul très simple, trop simple à notre avis, car il ne repose que sur une hypothèse. Ils prévoient une organisation de service telle que le nombre de places *offertes* sera journellement de 8,448, et, en supposant que les places *occupées* soient la moitié de ces dernières, ils en concluent que le nombre de voyageurs transportés par jour s'élèvera à 4,224 qui produiront une recette de 400 francs.

Pourquoi les places *occupées* représenteraient-elles 50 pour 100 des places *offertes*?

MM. les Ingénieurs du Service municipal ne se livrent à cet égard à aucune appréciation de détail; ils se bornent à dire que c'est là la proportion obtenue par les Tramways Nord et Sud.

L'assimilation du funiculaire aux lignes de ces deux Compagnies n'est pas admissible pour plusieurs raisons dont la principale est que les régions du Nord et du Sud ne sont pas desservies à la fois par leurs voitures et par les nôtres, comme c'est le cas pour le funiculaire de Belleville.

D'autre part, il faudrait, pour procéder par assimilation, que les lignes du Nord et du Sud eussent à peu près la même longueur que le funiculaire alors qu'elles ont un développement double et triple de ce dernier. Il serait contraire à la vérité de soutenir que le nombre de voyageurs transportés est proportionnel à la longueur des lignes, mais il y a une longueur au-dessous de laquelle le voyageur n'a aucun intérêt à monter en voiture. Sauf de très rares exceptions, en effet, les voyageurs parcourent 3 et 4 kilomètres; les meilleures lignes sont celles qui atteignent ces longueurs; mais un voyageur se décide rarement à attendre une voiture dont le parcours est inférieur à 2 kilomètres.

L'assimilation faite par MM. les Ingénieurs du Service municipal n'est donc pas justifiée.

Il y a une autre manière de procéder qui est beaucoup plus rationnelle; elle consiste à prendre pour base d'appréciation les résultats obtenus sur les lignes existantes en contact direct avec le funiculaire projeté.

Ces lignes, nous l'avons déjà dit, sont celles de Belleville au Louvre (lettre **N**), et de Belleville aux Arts-et-Métiers (lettre **M**).

Ces deux lignes réunies transportent annuellement 4.548.000 voyageurs pour un parcours de 815.927 kilomètres. Il en résulte que le nombre de voyageurs est de *5.57 par kilomètre parcouru*.

Ces deux lignes, qu'on ne l'oublie pas, pénètrent au cœur de Paris; leur longueur moyenne est de $4^k 826^m$, soit de près de 5 kilomètres, et le trafic sur elles se traduit par un mouvement de 5 1/2 voyageurs par kilomètre parcouru.

On admettra bien que la matière voyageur n'est pas iné- puisable, surtout dans un quartier ouvrier comme celui de Belleville; on admettra bien encore que le funiculaire projeté ne saurait, à beaucoup près, rendre les mêmes services que les lignes d'Omnibus **M** et **N**, qui desservent Belleville.

C'est cependant à ce résultat que conduit la méthode suivie par MM. les Ingénieurs du Service municipal.

En effet, le service prévu comporte 384 courses par jour qui à $2^k 032^m$ chacune, représentent un parcours de 780 kilomètres. Si, comme le disent les Ingénieurs, le nombre de voyageurs transpor- tés peut être évalué à 4.224, celui des voyageurs *par kilomètre par- couru* serait de $\dfrac{4.224}{780}$ ou de *5.40*, c'est-à-dire exactement le même que sur les lignes d'Omnibus **M** et **N**.

Est-ce admissible un seul instant? Évidemment non.

Ce que nous avons dit dans le paragraphe précédent montre surabondamment que les voyageurs qui feront usage du funiculaire seront rares. Nos deux lignes d'Omnibus qui ont un développement de $9^k 652^m$ transportent par an 4.548.000 voyageurs, et le funiculaire qui n'a que 2 kilomètres ou le cinquième environ en transporterait le tiers (4.224 × 365 = 1.542.000)?

Encore une fois ce n'est pas admissible.

Même dans l'hypothèse la plus favorable mais invraisemblable, où le nombre de voyageurs du funiculaire serait le cinquième de celui des lignes **M** et **N**, c'est-à-dire proportionnel à leurs longueurs respectives, on n'arriverait qu'à un total de 2,500 voyageurs par jour. A notre avis, c'est exagéré. Tout au plus peut-on espérer un mouvement de 2,000 voyageurs correspondant à une recette maxima de 200 francs par jour, ou de 73,000 francs par an.

C'est la moitié de l'évaluation de MM. les Ingénieurs du Service municipal qui ont procédé par voie hypothétique tandis que nous avons adopté la méthode rationnelle dont ils n'avaient d'ailleurs pas les éléments.

Voilà donc un Tramway funiculaire qui peut aspirer à une recette maxima de 200 francs par jour.

Passons à la troisième question.

§ 3. — **Quel serait le résultat financier de l'Entreprise ?**

MM. les Ingénieurs du Service municipal évaluent les dépenses d'exploitation à 70 0/0 de la recette brute. Ils ne donnent pas le détail de leur évaluation, ce qui est regrettable, car cette proportion ne reste pas constante quelle que soit la recette. Si avec 400 fr. de recette la dépense est de 70 0/0 ou de 280 francs, on ne doit pas en tirer la conclusion que la recette n'étant plus que de 200 francs, la dépense, à son tour, descendra à 140 francs. Ce serait une absurdité. Si la dépense de 280 francs avait été calculée exactement on ne s'éloignerait pas de la vérité en disant qu'elle restera la même, abstraction faite du plus ou moins grand nombre de voyageurs;

qu'une voiture soit à moitié pleine, comme l'ont supposé les ingénieurs, ou au quart pleine, comme nous croyons l'avoir établi, la
dépense ne variera pas, elle restera exactement la même.

Dans le système de MM. les Ingénieurs du Service municipal,
la dépense journalière serait donc de 280 francs. Et si la recette ne
dépasse pas 200 francs, l'exploitation se traduirait par un déficit de
80 francs par jour.

Mais ce n'est pas ainsi, d'après nous, que les dépenses doivent
être calculées. Il faut faire intervenir les kilomètres parcourus, se
donner un programme de mouvement des voitures, établir la
dépense correspondante sans faire intervenir la recette. C'est le seul
moyen d'éviter les grosses erreurs. L'intervention de la recette
dans le calcul de la dépense, a, en effet, le grand défaut de ne pas
tenir compte du tarif. Voilà, par exemple, une recette de 400 francs
prévue par les Ingénieurs et obtenue avec un tarif de 0 fr. 10 c.
par voyageur ; si le tarif était 0 fr. 20 c., la recette, pour la même
quantité de voyageurs transportés, serait de 800 francs, et cependant
la dépense resterait la même ; elle ne serait pas de 70 0/0 de
800 francs ou de 560 francs. De même, si le tarif n'était que de
0 fr. 05 c., la recette descendrait à 200 francs et la dépense ne
serait cependant pas diminuée. Il ne faut donc pas s'occuper de la
recette pour établir la dépense.

MM. les Ingénieurs du Service municipal ont évalué, avons-
nous dit, la dépense d'exploitation à 280 francs pour un mouvement journalier de voitures représentant 780 kilomètres parcourus.

Nous faisons tout de suite observer que le kilomètre parcouru
ressort à 0 fr. 30 en nombre rond. Or, la traction seule, par câble
continu, coûte au moins 0 fr. 30 ; il reste ensuite à compter : le
personnel des conducteurs, contrôleurs et de bureau ; les frais d'en-
tretien des voitures, de la voie, et des bâtiments ; les contributions
directes et indirectes, es assurances, les accidents, etc., en un mot

tout une série de dépenses qui, dans les exploitations les plus économiques, ressortent à 0 fr. 30 au moins.

C'est donc sur 0 fr. 60 par kilomètre parcouru qu'il faut compter. Réduisons ce chiffre à 0 fr. 50, c'est aller très loin dans la voix des concessions.

A ce prix, les 780 kilomètres parcourus par les voitures du funiculaire donneraient lieu à une dépense journalière de 390 francs supérieure de 190 fr. à la recette. D'où un *déficit annuel* de *69,350 fr.*

Mais, dira-t-on, si les voitures ne sont remplies de voyageurs que dans la proportion de 25 0/0 de leur contenance, il sera inutile de leur faire parcourir 780 kilomètres par jour. C'est notre sentiment : le funiculaire ne sera pas assez alimenté de voyageurs pour s'imposer l'obligation d'avoir des départs espacés de cinq minutes pendant 12 heures et de 7 minutes 1/2 pendant 6 heures. Seulement, répondrons-nous, si vous augmentez beaucoup l'espacement entre les départs, à quoi et à qui servira le funiculaire ?

Plus une ligne est courte, plus il faut multiplier les départs ; car autrement elle sera abandonnée par les voyageurs qui gagneront du temps et économiseront leur argent à faire la course à pied.

Modifions les prévisions des Ingénieurs qui comportent 384 départs et 780 kilomètres parcourus par jour ; réduisons le nombre des départs à 264 et les kilomètres parcourus à 530 ce qui correspond à des espacements de 7 minutes 1/2 pendant 12 heures, et de 10 minutes pendant 6 heures.

Par kilomètre parcouru la dépense de traction reste à peu près la même que dans la première hypothèse, c'est-à-dire de 0 fr. 30, mais les autres dépenses évaluées à 0 fr. 20 augmentent sensiblement au fur et à mesure que le nombre de kilomètres parcourus diminue. Ce nombre étant réduit de 30 0/0, dans l'hypothèse qui nous occupe, il faut augmenter de 15 0/0 *au moins* les 0 fr. 20 ci-dessus, ce qui porte à 0 fr. 53 la dépense totale du kilomètre parcouru, soit à 282 francs par jour pour 530 kilomètres.

En admettant que la recette de 200 francs ne soit pas diminuée par la réduction du nombre des départs, ce qui est invraisemblable, on se trouve encore en présence d'un déficit journalier de 82 francs ou de 30.000 francs par an.

Prenons enfin une troisième hypothèse, celle où les départs seraient espacés de 15 minutes en moyenne, pendant la durée du service fixée à 18 heures.

Par jour, le nombre des départs serait de 164 et celui des kilomètres parcourus de 330.

Au prix de 0 fr. 60, ce qui, dans le cas présent, est encore un minimum, la dépense journalière serait de 200 francs.

Quant à la recette, elle ne serait plus de 200 francs, attendu que le nombre des places offertes qui est de 8,448 dans la première hypothèse, de 5,808 dans la seconde, ne serait plus que de 3,608 dans la troisième.

Avec des départs espacés de 15 minutes le voyageur fera la route à pied et il arrivera à destination plutôt qu'en prenant le funiculaire. Cela ne peut faire aucun doute pour les hommes du métier.

Admettons néanmoins que la proportion des places occupées soit de 33 0/0 ou de 1,200 voyageurs produisant une recette de 120 fr. Le déficit journalier de l'exploitation s'élèvera à 80 francs ou à près de 30,000 francs par an.

En résumé, quelle que soit la solution adoptée en ce qui concerne l'espacement entre les départs, la recette du funiculaire ne couvrira pas la dépense d'exploitation. Au lieu d'un produit net, l'exploitation se traduira par une perte variant entre 70,000 et 30,000 francs par an.

Si on y ajoute l'intérêt et l'amortissement à 5 1/2 0/0 du capital
de premier établissement évalué à 1,040,000 francs, et, en supposant qu'il n'y ait point de mécompte sur ce chapitre, soit 60,000 fr.
de charges, l'entreprise du funiculaire grèverait les finances de la
Ville de Paris d'une annuité variant de 140,000 à 90,000 francs
pendant toute la durée de la concession.

Nous ajoutons que cette conclusion est au-dessous de la réalité.
D'une part, en effet, si le funiculaire était construit, son exploitation n'aurait de raison d'être que si les départs des voitures étaient
très rapprochés, et, sous ce rapport, MM. les Ingénieurs du Service
municipal ont eu raison de prévoir un espacement de 5 et
7 1/2 minutes. On serait donc forcé de faire parcourir 780 kilomètres aux voitures. D'autre part la dépense de 0 fr. 50 c. par chaque
kilomètre parcouru sera dépassée. Il n'existe pas, en effet, de
tramways dont les frais d'exploitation soient inférieurs à 0 fr. 60 c.
ou 0 fr. 70 c. et ce serait une très grande illusion de croire que la
traction par câble aura pour effet de réduire ce chiffre.

Ce n'est par conséquent pas sur 0 fr. 50 c. mais bien sur
0 fr. 60 c. au moins qu'il faudrait calculer la dépense du kilomètre
parcouru. On arriverait ainsi à une dépense de 500 francs
par jour.

Quant à la recette, elle atteindrait à peine 200 francs et le
déficit journalier s'élèverait à 300 francs ou à 110,000 francs au
moins par an. Et si les dépenses de premier établissement dépassent
les prévisions, comme paraît le craindre avec raison, selon nous,
M. le Rapporteur du projet au Conseil général des ponts et chaussées,
les charges du capital venant s'ajouter au déficit de l'exploitation
porteraient à près de 200,000 francs ou de 0 fr. 70 par kilomètre
parcouru le sacrifice qui serait, chaque année, imposé à la Ville de
Paris.

Ce résultat était facile à prévoir étant données les conditions dans lesquelles est conçu le projet d'un funiculaire de 2 kilomètres de longueur, appelé à desservir une région déjà occupée par deux lignes d'omnibus et une ligne de tramway.

Et à ceux qui s'étonneraient d'une perte de 200,000 francs sur une ligne où les voyageurs transportés ne peuvent pas dépasser 25 pour 100 des places offertes, nous citerions l'exemple de la ligne de tramway du Louvre à Passy, où le mouvement des voyageurs est de 70 pour 100 des places offertes et dont l'exploitation se traduit cependant par une perte de 115,000 francs. Si sur cette ligne les places occupées ne représentaient que 25 pour 100 des places offertes, comme sur le funiculaire, ce n'est pas par 115,000 francs mais bien par près de 400,000 francs ou de 0 fr. 95 par kilomètre parcouru que se traduirait sa perte annuelle.

Il n'y a donc aucune illusion possible sur le sort réservé à l'entreprise du funiculaire en cas d'exécution. Et il est permis d'être surpris des appréciations globoles formulées à cet égard par le Conseil général des ponts et chaussées, qui, au lieu de traiter la question à fond et en détail, considère que l'opération ne doit pas être mauvaise puisque, d'une part, un demandeur en concession s'est présenté pour en courir tous les risques, et, d'autre part, « que, la Ville de Paris ayant jugé convenable de se substituer à « lui, il est permis d'espérer que les résultats de l'exploitation ne « seront pas trop désavantageux. »

Le Conseil général des ponts et chaussées, composé d'hommes éminents, ne procède pas d'ordinaire avec ce désintéressement des questions techniques soumises à son examen; il sait par expérience que le fait de trouver un demandeur en concession ne constitue pas une garantie de la vitalité d'une entreprise, pas plus qu'il n'assure la constitution du capital nécessaire à son exécution; il sait que la tendance de tous les demandeurs en concession se traduit invariablement par la réduction des dépenses et par l'exagération des bénéfices; dans le cas qui nous occupe, le Conseil général

des ponts et chaussées aurait pu constater que les dépenses de premier établissement évaluées à 680,000 francs par le demandeur en
concession, sont portées à 1,040,000 francs, soit avec une majoration
de plus de 50 0/0, par les ingénieurs du service municipal, ce qui
n'est pas de nature à inspirer une grande confiance dans les appréciations de l'auteur du projet qui, nous venons de l'établir, a commis
une erreur, en sens inverse, dans l'évaluation de la recette. C'est
là, nous le répétons, le propre des demandeurs en concession, et on
peut être surpris que le Conseil général des ponts et chaussées l'ait
oublié.

Quant au Conseil municipal dont la substitution à l'auteur du
projet est considérée, par le Conseil général des ponts et chaussées,
comme l'indice d'une exploitation permettant « d'espérer que les
« résultats ne seront pas trop désavantageux », on nous permettra
de présenter deux observations : la première que le Conseil municipal ne se préoccupe pas de savoir si l'opération sera bonne ou
mauvaise ; la seconde qu'en se bornant à exprimer *l'espoir* que les
résultats de l'exploitation *ne seront pas trop désavantageux*, le Conseil
général des ponts et chaussées évite de se prononcer nettement sur
un point capital qui est cependant de sa compétence et pour lequel
il a été consulté.

En tous cas, formuler la simple espérance que l'entreprise ne
sera pas *trop* désavantageuse, c'est reconnaître qu'elle pourrait bien
être mauvaise pour les finances de la Ville de Paris.

Dans ces conditions on nous permettra de dire que l'avis du
Conseil général des ponts et chaussées n'est basé sur aucune étude
et qu'il perd ainsi l'autorité qui s'attache d'ordinaire à ses con-
clusions.

Nous répétons en finissant ce paragraphe que l'exploitation du
funiculaire, non seulement ne couvrira pas ses frais, mais encore
que le déficit de l'exploitation ajouté aux charges du capital, attein-

dra 200,000 francs par an. Ce serait donc une détestable affaire pour la Ville de Paris.

§ 4. — La ligne projetée a-t-elle le caractère d'un tramway, rentrant par conséquent dans le privilège de la Compagnie des Omnibus ?

La réponse à cette question n'est pas douteuse. Seul M. Cattiaux, conseiller municipal, est d'un avis contraire. Dans le dire déposé par lui à l'enquête, il affirme que « le tramway projeté n'est « qu'une sorte de chemin de fer qui n'entre pas dans la catégorie « des moyens de transport dont le privilège a été accordé à la Com- « pagnie des Omnibus. »

Quelle raison donne M. Cattiaux à l'appui de son dire ? Aucune. Il se borne à une affirmation ; c'est insuffisant.

Nous ne reviendrons pas en détail sur tout ce que nous avons dit à ce sujet ; les documents qui traitent cette question sont au dossier et pourront être consultés utilement ; ils se complètent d'ailleurs par les arguments insérés dans le Rapport de l'Inspecteur général des ponts et chaussées, M. Delocre, qui corroborent nos propres appréciations.

Faut-il s'arrêter à cette particularité que les voitures du funiculaire ne s'arrêtant qu'à des points fixés pour laisser ou prendre des voyageurs, on peut en tirer la conclusion que le funiculaire n'est pas un tramway ?

Nous répondons d'abord :

Que le fait de prendre et de laisser des voyageurs pour le service intérieur de Paris constitue à lui seul le privilège de la Compagnie des Omnibus ;

Qu'il importe peu en conséquence que les voitures s'arrètent à des points déterminés ou à toute réquisition : trois fois, comme dans le projet en discussion, ou un plus grand nombre de fois.

Dans les deux cas, il y a stationnement sur la voie publique pour prendre et déposer des voyageurs et le principe admis comme constitutif du privilège de la Compagnie reste toujours le même.

D'autre part, les voitures tramways à l'étranger et dans beaucoup de villes de France, ne s'arrêtent qu'à des points fixés d'avance, espacés plus ou moins, et marqués par un poteau indicateur. Ce ne sont pas moins des tramways et non des chemins de fer. Ce système des arrêts déterminés par des poteaux indicateurs a le grand avantage de diminuer la fatigue des chevaux, d'éviter des pertes de temps, et de permettre, ce qui est le cas dans beaucoup de villes, l'application des tarifs différentiels. Mais, encore une fois, ce sont des tramways. Par conséquent, le système des arrêts à des points fixés d'avance n'est pas une nouveauté et ne change pas le caractère d'une ligne.

D'un autre côté, la traction mécanique par câble ou par machine a pour conséquence nécessaire l'application du système des arrêts à des points fixés d'avance. Aucun mécanisme ne résisterait à des arrêts et à des mises en marche trop multipliés.

La Compagnie des Omnibus a demandé et obtenu l'autorisation de faire des essais de machines Rowan employées avec succès à Berlin ; ces machines sont soumises à la règle des arrêts que nous venons d'indiquer ; la Compagnie des Omnibus ne pourra que s'y conformer puisque c'est une condition de leur emploi. Dira-t-on que les lignes sur lesquelles la Compagnie des Omnibus fera usage des machines Rowan ne sont plus des lignes de tramways, qu'elles sont devenues des lignes de chemins de fer ne rentrant pas dans la catégorie de celles dont le privilège lui a été accordé? Ce serait enfantin, et nous nous excusons d'avoir donné à notre démonstration un développement qu'elle ne comportait assurément pas.

Paris, le 18 janvier 1889.

Le Président du Conseil d'administration,

L. LALANNE.

93540   Typographie et Lithographie A. MAULDE et Cie, rue de Rivoli, 144.

www.ingramcontent.com/pod-product-compliance
Ingram Content Group UK Ltd.
Pitfield, Milton Keynes, MK11 3LW, UK
UKHW022348130726
13694UKWH00006B/2141